댓잎에 이는 바람소리

2021

댓잎에 이는 바람소리

조윤제

사이재

시인의 말

나의 생은
주경야작이다

    2021년 겨울
    월출산하에서
    조윤제

차례

댓잎에 이는 바람소리

시인의 말

1부

해돋이 13
윤슬 14
4월의 꽃 15
가고픈 내 고향 16
서리 가는 길 18
사랑니 19
붉은 차茶 속 20
망설인 사랑 21
말言이란 22
커피가 되어 23
치약, 애수哀愁 24
치마 안 25
촛불 26
첫사랑의 향기 27
장맛비 28
연탄의 사랑 29
쑥 30
월하정인 31

봄의 전령 매화 32
사은정思恩亭 풍류 한마당 33
사나운 병 34
모란이란 이름으로 35

2부

단풍 신명 39
늦가을 희망 40
미황사 대웅보전 41
꿈속에 42
금계꽃의 꿈 43
가우도 고삐 44
노을치마 45
돌아오라 친구야 46
야속한 다람쥐 47
착각 속 비수匕首가 있다 48
할아버지다 ~~~ 49
보름달 쳐다보며 50
미운 손님 미세먼지 51
샘낸 바람妬風 52
가뭄에 작달비 53
외등外燈 54
남쪽에 55
철새처럼 떠나고 56
할머니 해수 기침 57

어쩜 58

3부

춘란春蘭 61
모과 62
단풍이 가는 길 63
봄비 64
숫눈 65
기상정보 66
눈치 67
사과 깎는 그녀 68
애틋함 69
문경새재 유생 길 70
보름달 71
속세俗世 72
싸리비 73
솔松 74
미라보 다리 아래 75
서리 고임돌 76
봄길 걱정 77

4부

홍어 81
내 안에 러브호텔 82

소금쟁이 사랑지고 84

불러서 가보면 85

한겨울 솥이 86

이불 없는 겨울 87

서리꽃 단풍 88

얼음판 길 89

보름달 90

탯자리 91

함성 92

코로나 19 93

침묵의 소리 94

성숙成熟의 세월 95

오디 96

서글픔 97

별 볼 일 없는 사람 98

다 먹을 필요가 있겠는가 99

修人山主人 ,聞竹風友聲 100

문, 죽풍우성문, 竹風友聲 101

1부

해돋이

신선한 핏빛
붉게 번져 오르고

잘록한 산허리가
짙은 산통을 느껴

안간힘 밀어 올려서
어렵게 난산한다

윤슬

수만 개 물비늘이
물 위에 돋아나

술 취한 듯 날 보고
노란 수건 손짓하다

달빛이 설핏 사라지니
음산한 검은 밤바다

4월의 꽃

품속 바람 불어주니
뭉클 내미는 꽃 싸개를

옥 같은 빛살이
마술 손놀림으로

새아씨
연분홍 치마에
봄꽃을 내보이네

가고픈 내 고향

벗들과 어울려 놀았던 두메산골
눈앞에 선하네 잠든들 잊으리오
그곳에 어릴 때처럼 함께 놀고 싶어라

닳도록 달리던 앞뒤 고샅 그대로고
지금도 뒷동산에 두견새 우리라
친구들 정겨운 소리 그립구나 그리워

사소한 일에도 함께 놀다 다투던 곳
샛강에 송사리 떼 몰아 잡고 멱 감던 곳
그 모습 아른대는데 어디 사나 소식 몰라

나는 왜 지금까지 도시 살게 되었는고
도시살이 그만두고 살러갈까 살러가
동산에 달맞이하고 쥐불놀이 즐겼는데

귓가에 웃음소리 가까이서 쟁쟁하네
예처럼 친구들과 깔깔대고 놀고 싶어
지금도 멧비둘기 떼 나르는 정겨운 곳

지금쯤 할머니 되어 손자 재롱 보겠지

첫사랑 향기 여기저기 숨었다가 반길랑가
지금은 걷기 힘들어도 오면 가면 살자꾸나

서리 가는 길

뒷집에 오빠가 포도알 같은 눈을
깜박이며 포도밭 서리 가자는 말에
따라서 찾아갔으나 주인 있어 오는 길

깊어가는 여름밤 바래다주고 간다
뒷모습이 무슨 말을 할 듯 말 듯해
그때에 사랑한다고 말해줘야 했어 참

사랑니

'따끔' 마취 소리에
몸서리가 쳐진다.

지 삭신 아니라고
사정 두지 않는다

뽑아낸 빈자리에는 옛사랑 솜뭉치

붉은 찻茶속

토실한
찻주전자
마른 꽃 우려내

내 가슴에 따르니
차분히
출렁이네

붉은 차
깊은 그 속에는
내 마음도 들었으리

망설인 사랑

사랑하는 눈빛이 가슴 뛰는 설레임
그때를 생각하니 행복한 순간이었다
왜 그때 말하지 못했을까 너무도 아쉽네

곰곰이 생각하니 아쉬움은 남지만
잘 된건지 모르겠네 세월이 갈수록
순수한 마음을 간직함이 향기로 남네

말들이란

마이크만 갖다 대면
못 말리는 벌린 입

입만 열면 내뱉는
피곤한 수다들

짧은 말
공감을 해도
어차피 틀린 말

커피가 되어

사랑의 전령병 커피가 되고 싶다
은잔에 담겨서 섬섬옥수 매만져
입술에 애무해 주면 링거처럼 흘러가

가슴속에 연뿌리처럼 파고 돌아서
깊고도 깊은 곳 꼼꼼히 살펴보고
새나와 어떤 마음인가를 말해주고 싶다

치약, 애수哀愁

푸른 청춘에는
탱탱함이 용출하더니

구슬려 줘야만
내비쳐 새나온다

목까지 쥐어짜 줘도 버끔만 내보이네

치마 안

은밀한 그곳에 매력 있는 그것이
숨겨져 있는지를 평생 알고 살며
은밀한 비밀의 성문을 서성이며 맴돈다

꽃잎에 영롱한 진줏빛 눈망울을
함부로 넘어다 봐서도 안 되지만
그곳의 짙은 향기를 동경憧憬하고 살아간다

촛불

붉은 꽃이 가슴을 밝히는 향내가
부드러운 젖꼭지 같은 생명줄
심지를 따라가면서 항상 가물거린다

백옥같이 흐르는 눈물을 삼키며
화끈 달아올라 알몸으로 타는 것이
신들린 무당이 추는 춤처럼 나풀나풀……

첫사랑의 향기

봄 동산 잔디밭 피어난 사랑 연기
언덕배기 느티나무 넘어온 집배원
간절한 내 사랑이여 그때 모습이었으면

봄풀이 자라듯 피어난 그리움
창가에 바람소리 행여나 찾아오는가
보고픔 벼락 치듯이 스치는 그 모습

장맛비

유선관 툇마루에 앉으니 작달비가
기와지붕을 구르더니 지스락에 떨어져
마당에 내를 이룬다,
눈 깜박할 사이에

빗속을 뚫고서 건너온 쌉쌀한
도토리묵, 파전은 온기가 남았고
송시인 막걸리 마시는 표정이 싱그럽다

* 유선관 : 해남 대흥사 입구

연탄의 사랑

긴 기다림 끝에서
검게 탄 이 몸집

두 손가락 잡아줘
밑구멍 맞추더니

밤새워 열정을 불태워
파뿌리 되었네

쑥

시기를 기다리고 기다리다 바라던
햇볕이 양지쪽 토담 밑을 파고드니
선잠 깨 잔설 밀치고 슬며시 내다보다

아슬아슬 아가씨 나물 칼 피하고
쑥국새 울음 따라 계절이 다가오면
그날이 나만의 세상 쑥대밭이 뭔 말인가

월하정인

담 너머 얼레빗 으스름달 아래서
수줍은 등불 앞 달月은 머물지 않네
마른 입 마주한 귓속말 정담情談이 힘겹다

손닿을 거리가 너무도 멀어라
그대가 쥔 등불 등 뒤에 감춰두오
달빛이 구름에 안기듯 그대 품이 그립다

사랑의 부끄러움 뽀로통 토라져
발끝이 집을 향해도 속정뿐이라
아쉬움 바다 같은데 달빛은 우릴 버리네

봄의 전령 매화

봄빛을 훔쳐서
눈 헤치고 기다리는데

서릿발 입에 물고
틈새로 건너와

보란 듯 해맑은 미소로
내 모습 찾아주네

사은정思恩亭* 풍류 한마당

매미 시조 가락이 끊어질 듯 이어지고
사은思恩 시 한 수씩 흥 취해 갈 때에
처마엔 장맛비가 주르륵
운율 따라 떨어지네

정각亭閣 앞 연못에 홍련이 시 잔치
기웃기웃 머리를 조아리며 놀다가
미풍에 고개 저어서 떠남을 아쉬워 하네

* 사은정思恩亭: 강진군 강진읍 지전로 242-5

사나운 병
- 지구촌 휩쓸어도

샹들리에 휘황한
불빛 아래 막은 입

축가 속에 한 쌍의
예쁜 꽃이 피어난다

그래도 우리는 새싹을
틔워야 하기에

모란이란 이름으로

자줏빛 치마에
황금색 고쟁이

지릿한 그 냄새
가까이 내던지니

쉬파리 모여들어서
모두가 구더기라

2부

단풍 신명

서릿물로 세수하니
홍당무처럼 붉은 빛

술 취한 듯 단풍잎
막무가내 휘청거리니

가을빛 봉선화씨처럼 흩어져 춤춘다

늦가을 희망

보리는 파릇파릇 새싹을 내밀고
땅거미 어둑어둑 내 뒤를 따라오네
쾌재정 달빛 그림자 기둥을 얼싸안고

가을비 그치자 낙숫물 끊기고
지붕에 통통 튀는 싸락눈 구슬 소리에
깨어난 들국화들은 향기를 내뿜네

미황사 대웅보전

달마가 뜬구름 장삼자락 휘날리며
불佛 길을 따라서 남쪽으로 내려오니
참게가 엄지발가락 깨물고 놓지 않네

봄꿈을 지나는 달마는 희설戱媟짓는
바람이 몽환임을 홀연히 깨달아
가사를 벗어 던지고 햇볕을 즐기네

꿈속에

눈여겨 낯익은
그대 품에 안겼더니

좁은 내 가슴 뛰는 소리가
천둥 같네

심장은 포갤 수 없고
새떼만 높이 나르네

금계꽃의 꿈

휘어진 길 따라서 고개 너머까지
밤하늘 잔별 같이 무수히 피어난
금계꽃 미소 지음이 갈증처럼 유혹한다

빈 욕망 찾아와 끝없이 다가선
황금빛이 베푸는 축복의 부유함에
홈런 볼 즐거운 함성 환상의 꿈이었네

가우도 고삐

출렁다리
걷고파
기러기도 두 발 펴는

푸른
바다 위에다
하늘길 만들어서

짚라인
고삐 흔들어
이랴이랴 재촉하네

노을치마*

강진만 달빛이 휘황하여 싱숭생숭
천리 길 여유당 달빛은 어떨까
초연히 보고 싶으나 속마음뿐이네

간밤에 비몽사몽 고향 앞뜰 삼삼하더니
첫날밤 붉은 치마 초당에 전해 와
그리움 너무도 애절해 눈앞이 아른아른

언제나 자식 걱정 끊길 날 없어서
치마폭 접어서 훈계를 써 보내니
훗날에 아버지의 마음 자식은 헤아리라

* 노을치마: 하피霞帔를 가리킨다.

돌아오라 친구야

연천의 냇물은 쉬지 않고 흘렀고
아득한 옛날부터 풍미했던 인물은
투구봉 실안개 따라 조용히 떠나갔네

산천은 예전처럼 변함없는 이곳에
내 고향 지키는 늙은이만 모여 앉아
앞사람 대대로 살던 이야기 전하네

산세 좋은 투구봉* 아래 논밭 일구고
알콩달콩 살다가 도시로 떠나가고
나만이 고향 지키고 살아오게 되었네

살아온 지난날들 뒤돌아 생각하면
바람처럼 스쳐 떠나가고 오늘 밤은
소쩍새 울음소리가 저리도 처량한가

내가 사는 이곳은 지금도 그때처럼
온갖 꽃들이 피어나 친구를 찾는다
우리들 마음속으로 돌아오라 친구야

* 투구봉: 옴천면 좌척 뒷산

야속한 다람쥐

가을이면 색시를 12명을 얻어서

가을 내내 밤이랑 도토리 주어다
굴속에 저장해 두고 겨울이 찾아오면
눈먼 색시만 두고 모두 쫓아내고
동지섣달 깊은 날에 밤을 먹으면서
눈먼 색시는 도토리만 주면
"여보 밤 맛이 왜 이렇게 쓴가"

임자가 입맛이 없어서 그러는 갑네, 한다고

착각 속 비수匕首가 있다

두 눈이 한순간 멍청히 매료될 때
그대를 휘황한 달빛처럼 황홀이 홀린다
사랑이 홍시처럼 부드럽고 탐스러 보인다

그대의 희설이 몽환임을 착각한다
그대의 가장 여린 곳을 매만져오며
귀여운 강아지처럼 끌어안고 싶어진다

사랑은 품속에 비수匕首가 있을 수 있다
그대의 가지를 잘라내기도 할 거다
그대의 명예와 가정을 단번에 잃을 수 없다

연애는 자체가 신선하고 귀중하나
하지만 도덕과 순수해야 할 것이다
사랑은 공생해야만 피어날 수 있으니까

할아버지다 ~~~

열 달을 고통과 괴롬 없이 자라나
시름없는 곳에서 벗어날 때가 돼
엄마의 힘겨운 신음 들으며 나온다

사나이 큰 울음소리에 내가 놀랐고
아빠 엄마라고 먼저 반가이 맞는다
그리고 카톡 사진으로 온 누리 알린다

* 2021.9.10. 趙顯昇 할아버지께서 작명을 하다.

보름달 쳐다보며

초승달 초저녁
비추며 더디 둥글더니

하룻밤 둥글고
빨리도 이즈러지네

내 생의 삶이란 것이
이처럼 다를 바 없구나

미운 손님 미세먼지

몽골 내륙 이역만리
넓은 사막 어느 곳

조종사 나침반
없이도 이륙하여

구름과 바람만 타고
여기까지 날 찾아왔냐

샘낸 바람妬風

바람은 귀찮게
꽃을 춤추게 하네

꽃잎 떨어짐이 아쉬워
흔들지 않으면

그 꽃은 다시 보기는 어려워질 거요

꽃이 아름답게
피어난 것도 좋지만

떨어질 꽃 너무
아쉬워할 일 아니네

바람이 불고 안 불고 자연의 순리일 뿐이니

* 샘낸 바람:투풍妬風

가뭄에 작달비

먹구름 덮더니 세차게 떨어져
메마른 가문 땅이 움푹움푹 파이면서
흙먼지 비릿한 냄새가 콧속을 자극한다

바위에 화살같이 꽂히는 빗방울
부글부글 끓다가 냇가에 흘러 내려
강물에 모여들어서 오리 떼를 부른다

외등外燈

고향 집 뒤안길 어두운 고샅테
늙으신 어머니 객지 나간 자식들
찾아올 갈림 길목에 불 밝히는 외등

초승달 가물가물 눈 감기는 깊은 밤
자식들 발걸음 없어도 갓 쓴 불알은
행인行人들 불빛 보시에 무명을 밝히네

남쪽에

매화꽃 잔설 속에
몇 송이나 싹텄을까

그대여 들길 따라
여유롭게 피소서

그것이
그리움 달래는
내 마음인 것을

철새처럼 떠나고

매정하게 날아간 이별의 아픔이
흐르는 눈물에 쪽배를 띄우고
옛 추억 가슴속에 살아도 쉽게 쫓기 어렵네요.

강물 위 떨어진 깃털의 자취가
그리움 품고서 놔주지도 않네요
언제쯤 봄빛처럼 돌아와 지난날 꿈을 찾나요

할머니 해수 기침

겨울밤 할머니 해수 기침 짙어지면
호롱불 들고 솜털 같은 눈 헤치고
논시밭 무 구덩이 찾아가 유지게 들추고

왕겨 속 노오란 이파리 삐죽삐죽한
무를 꺼내와 화롯가에 앉아서
떠오른 초승달 닮은 놋쇠 숟가락으로

무를 긁어내 드시고 기차 굴 같은
껍데기만 남는다. 한 술갈 주시면
시원한 그 맛 할머니가 그리워지는 겨울밤이다

어쩜

달빛이 된서리
은행잎 끌어안으니

뜰 안에 윤슬처럼
금빛이 흥건하다

지금이 가을이든가
화려함 두고 왔네

3부

춘란春蘭

둔덕에 곱슬곱슬
빤질거린 춘란 향

계곡물 따라
우주에 흩어진다

숨어 핀
씨 꽃향기가
수컷을 홀리네

모과

할머니 살아생전
샘가에 심으신

못 생긴 모과 몇 개
버릴까 생각하다가

차 안에
숨겨 두었더니
할머니 향기 한 줌

단풍이 가는 길

서리 병이 돌고 돌아
해마다 이만 때면 꼭

북에서 남쪽 끝까지
불꽃처럼 번져가

병든 잎 쓸쓸히 보내는
그 모습 저리도 화려한가

봄비

명주실 같은 봄비가
가랑가랑 내려서

슬금슬금 양지 땅을
밀쳐서 파고드니

봄꽃은 어린 손녀처럼 복슬복슬 피어난다

숫눈

숫눈은 호롱 불빛을 타고 왔다
언 땅을 밟으며 오솔길을 따라서
접혀진 꼴마리 속에서는 향기가 새났다

떨리는 목소리에 뜨개질 목도리를
만지작거리며 낯설은 밤이 가고
덤덤히 동쪽 먼동을 바라보는 공허함

그이 설움에 반짝거림을 알지 못하고
어쩜 속앓이로 환갑이 훨씬 지나도록
짐작도 못 한 무심함에 다시 눈이 내린다

기상정보

영하 20도 밑돌고
폭설엔 관심 없고

토실하고 갸름한
몸매만 매료되어

내 마음 시계추처럼
왔다 갔다 흔들리네

눈치

그녀가 무언가
눈빛으로 말하던

청춘의 그날로
되돌아가 보니

한순간
섬광閃光이 스쳤네
왜 그때 몰랐을까

사과

붉은 겉저고리
칼날로 여미니

젖가슴 같은 둥근 속살
하얗게 드러내고

배꼽을 벗기니 먹기 좋게
두 쪽을 내주네

애틋함

마주치든
눈빛을
두고 온 지난날

무심히
스쳐가는
순정純情의 꿈이었을까

그때는
말하지 못해
너무도 쓰리네

문경새재 유생 길

은행 알 꿀꿀이
분향을 따라서

성城돌 올라 부푼
계곡물 붙잡고

고빗길
새 등을 타고 넘어
청운靑雲의 꿈을 따라……

보름달

아가씨 유방 같이
토실한 얼굴에

거뭇거뭇 저승꽃
돋아나 피었네

머잖아 돌아가시고 새 달이 오시려나

속세俗世

단풍잎 떨구는 싸락눈 실비가
낙엽 위로 바스락 맴돌아 쌓인 길
나 홀로 걷는 줄 알았는데 발자국 따라오네

붉은빛 물들어 떠가는 우산 위로
낙엽 빗방울 함께 뒹굴어도
개의치 않고 읊조리며 걷는 것이 어쩌랴

한갓 어지런 속세로 돌아가리라
비바람 불기 전으로 떠나가는 길
눈 덮인 솔밭 오솔길 길이 없어도

싸리비

내 속에 싸릿가지
한 움큼 꺾어내고

얽히고설킨 칡넝쿨
끌어내 동여매어

헛 욕심
싸악싸악 쓸어내
티 없이 살고 싶네

솔松

새싹을 척박한 바위틈에 틔워내
갈증에 시달려도 영욕을 물리치고
청풍淸風과 달빛만 벗 삼은 청빈淸貧한 품격

따스한 봄빛에 벌 나비 춤추고
당철에 꽃들이 요염하게 다퉈도
시새움 시기함이 없이 의연毅然한 자태라

삭풍과 눈보라 뼛속까지 스며도
푸르름 긴 까닭 나이테 속 새겨 두고
꼿꼿이 고통을 이겨내 지조志操를 내준다

미라보 다리 아래

센강은 다리 아래
유람선을 싣고

잔잔한 파도를
일으키며 오르고

에펠탑 수많은 눈동자가 연정의 밤을 밝히네

물결처럼 그대와
속삭임을 맞잡고

침묵의 발 아래
센강은 흐른다

사랑은 물처럼 흐르고 추억은 남는다

서리 고임돌

삭풍에 서리가
눈처럼 날려서

삼라만상 단풍
고임돌을 박았네

꽃바람 계곡 물소리에
저절로 빠지겠지

봄길 걱정

삐비꽃 같은 봄 털에
찬 공기 박혀 드니

보리누름 설 늙으니
오들오들 떨고

화려한 강산에 봄꽃은
다 져가는데 어쩌랴

4부

홍어

곰삭은 살점에서
생동하는 그 맛

뇌리에 퍼지는
야릇한 호기심

청상靑孀의 못다 핀 향기 짜릿한 곤두섬

곰곰이 씹을수록
흥분된 고소한 맛

헛된 명예 얽어매
공허한 홍어 냄새

세상사 뒷물이 소리 향기로 왔으면

내 안에 러브호텔

무심히
아른대며
따라든 그 안에

뜨거운
대지를
소낙비로 식히고

잔잔히
흐르는 물 위에
꽃잎이 떠가네

치마 안
영롱한
진주를 생각하고

강물에
떨어진
달빛처럼 일렁이며

내 마음

살아서 움직인다
부질없다는 듯이

소금쟁이 사랑지고

보슬비 연못에
동그라미 동글동글

사랑지고 징검징검
어딜 급히 가시나

아빠가 크게 불러도
듣는 둥 마는 둥

불러서 가보면
- 행사장

잘난이 불러내서
두고 쓰는 연설로

자기 낯 세우고
행사는 한창인데

삼麻바지
방귀 같이 나가고
순진한 들러리뿐이로다

한겨울 솔이

기다림 언덕에
석양빛 그리움

끌어안고 눈바람에
행여 떨어질세라

솔솔솔 이름 부르며
집에 가자 보채네

이불 없는 겨울

눈 덮인 그 날은
천진난만이
대세

배고픈 줄 모르고
뒹굴고
즐겼는데

올겨울
텅 빈 가슴에
다가온 허전함

서리꽃 단풍

서리꽃 세수한
단풍잎이 몸단장해

붉은 산 맑은 바람
두 팔로 안으니

국화 향 햇살지기에 해맑게 퍼진다

강처럼 파란 하늘
살풀이 수건 한 장

휘저어 춤추니
얼씨구 장단 사이로

억새꽃 웃음 한가락 깊은 가을 뽑는다

얼음판 길

얼음판 길은
걷는 것이
언제나
평등하다

주머니
손 빼고
엉거주춤
살금살금

잘난 체
그 양반 통통걸음
걷는 걸
보았으면

보름달

바람난 보름달
반짝 별 끌어안아

구름 이불 덮고
사립문 닫았네

해 뜰 참 환한 미소로
먼 동티 수줍네

탯자리

어머니 신음 속에 태어난 탯자리
돌아온 그 자리 무성한 잡초 뽑고
그 터에 봄 제비처럼 흙 뭉개 집 짓고

텃밭을 일궈서 열무 심어 흰나비
노랑나비 찾아오면 얼씨구 춤추며
철 따라 피어오르는 변화에 매료돼

내 마음 깊은 곳 호수처럼 고요하리라
연둣빛 산모롱이 새벽안개 넘어서
백로 떼 훨훨 찾아오고 방울새 노래 들으며

말없이 커졌다 작아지는 달과 함께
먼 동쪽 하늘에 무지개 서리는 곳
한 점의 푸른 정기精氣가 그윽이 잠겨 있는 곳

함성

삼백 마리 꼴뚜기
전당에서 땅 뛰엄한다

망둥이는 물 만난 듯
고래고래 나팔 불고

민초는 분별 못 해서
나뉘어 소리치네

* 2019년 여름 입법 전당

코로나 19

방안에 머문 지 수일이 흘러가
답답한 세상살이 누구와 벗하나
지나간 사진첩을 열어 그때와 말하네

번뇌의 물결이 주마등처럼 스치니
어느 때나 내 마음 예전처럼 살까나
남쪽에 성난 봄바람 산을 치고 흐르네

침묵의 소리

말하지 않아도
속마음을 비춘다

그것이 이른 봄
햇볕처럼 다가와

소유의 욕망을 넘어서
그대와 함께 떠난다

성숙成熟의 세월

아무리 소중하고
아끼는 것이라도

누군가를 줄 것이며
주었을 것이다

준 날은 잔 불꽃처럼
꺼지지 않을 것이다

오디

뽕나무 잎사귀
누에 줘 갉아먹고

고치 속 번데기
삶아서 네가 먹소

여인네 젖꼭지 같은
오디는 내가 먹을께

서글픔

젖망울이 얼비치는
주글살 할머니가

바짝바짝 마르는
볏모를 보면서

저것도 물을 안 준께
저 모양이네 그거 참

별 볼 일 없는 사람

여자는 하늘을
쳐다보고 눕고요

남자는 땅을 보고
엎드려 보지만

옆으로 눕는 사람은
바라만 볼 뿐이네

다 먹을 필요가 있겠는가

다 먹으면 좋으련만 눈치가 보이고
때로는 80%만 아니 반만 먹고서
남겨둬 다음 기회를 바랄 수 있어야지

때로는 집착의 미련을 버려야 하고
그 맛만 보고도 만족할 줄 알았으면
한평생 부끄럽거나 고달프지 않겠지요

修人山主人 ,聞竹風友聲

주인은 서울에 살고 나는 고향집
뒤안에 바람 없이도 이파리 손짓해
언제나 수인산주인 생각 북쪽만 바라보네

* 손용근 (號) 前고등법원장/석좌교수/병영중학교15회 동창
  風竹 (병영 면사무소 所藏) 표지그림 작가 承認

문, 죽풍우성聞, 竹風友聲
- 서걱거리는 소리 듣고 있는가?

손용근

영랑의 모란꽃 피는 남도 강진 땅에 500년 역사를 지닌 전라 병영성 설성雪城의 역사와 수인산修仁山의 정기를 머금은 산골에서 1960년대의 곤궁을 견디며 농촌에서 대를 이어온 순박한 사람들이었다. 그중 동문수학하였던 동창생 중 나이 60이 넘어 김영랑의 시 연구로 문학박사가 된 동창이 「금별뫼」(본명 김혜영)시인이다. 그녀의 첫 시집에 문인 화가를 자처한 내가 감히 붓을 휘둘러 난 치고 연꽃 그려 동창들에게 나누어 주며 희희낙락을 회복했었다. 사실 그때 나는 특허법원장으로서 러시아 당국의 초청을 받아 연해주 블라디보스톡의 국제회의에 참석한 다음 귀국한 직후였는데 그 지역 일제강점기 독립운동의 흔적들을 보고 그 처절함과 애잔함에 다소 우울할 때였던 것이다.

그런데 요즈음 코로나 19가 창궐하여 우울한 일상이 계속되는 가운데 수인산이 멀리 보이는 옴천에서 조윤제 친구가 (병영중 15회 동창) 시조집을 발간한다고 한다. 농사를 지으면서 틈틈이 시를 쓰며 50년 넘게 고향을 지켜 온 그가 2016년 모란이 지고나면 2번째 시집을 발간하였을 때 사실 놀라웠다. 현학적인 먹물 냄새기 시라진 흙에 살아온 순수 감성 자체의 고백에 다름 아닌 소박한 진실이 담겨 있었다. 언어적 현란과 시적 표현기술을 이겨버린 「돌아온 자아 발견」의 글귀들이었다고나 할까? 세상의 법석거림을 멀리한 천진한 미소가 있었다. 그 시집 표지에 부족한 내 모란 그림을 얹어주어 소년기 우정을 이어 왔다.

 시조집을 발간하는데 대나무 묵화를 표지로 사용하고 싶다 해서 오래전 병영면사무소에 기증한 「대나무 묵화」를 표지화로 쓰도록 권하였다. 40여 년 전통서화에 집착해 온 나로서는 바란 것 이상의 호사인 것이 명백하다.

- 조윤제 시조 시인, 집 뒤꼍에 월출산을 휘돌아 돈받재 넘어 온 바람과 대나무가 속삭일 때 들리는 서걱거린 소리 잘 듣는가? 가는 세월 오는 봄바람에 조잘대는 소리를 주의 깊게 들으며 좋은 시상을 보도록 하소! 자네와 금별뫼 강진의 김영랑 시인 이후의 동문수학했던 친구가 남도 시인으로 우뚝 서도록 하게 !! 나 또한 멀리서 응원하겠네. 설성의 역사를 품에 안고 600건아 놀던 그 시절, 지금은 겨우 학생 30여 명이라지만 그래도 옛 영화를 생각고 병영중 15회, 만세! 자네의 호가 벽송(碧松)이니 다음 시집에는 소나무 그림을 싣도록 하세. 매일매일 정진하시게.

-수인산주인 손용근, (전)한국서화예술협회 회장/고등법원장/석좌교수

사의재 정형시선 10

댓잎에 이는 바람소리

1판 1쇄 인쇄일 | 2021년 12월 1일
1판 1쇄 발행일 | 2021년 12월 7일

지은이　　조윤제
펴낸이　　신정희
펴낸곳　　사의재
출판등록　2015년 11월 9일　제2015-000011호
주소　　　전라남도 목포시 용당로 331번길 88, 202동 202호
전화　　　010-2108-6562
이메일　　dambak7@hanmail.net
ⓒ 조윤제, 2021

ISBN 979-11-6716-037-9 03810

지은이와 출판사의 동의 없이 이 책의 내용 중 전체 또는 일부를 인용하거나 발췌하는 것을 금합니다.

값 10,000원